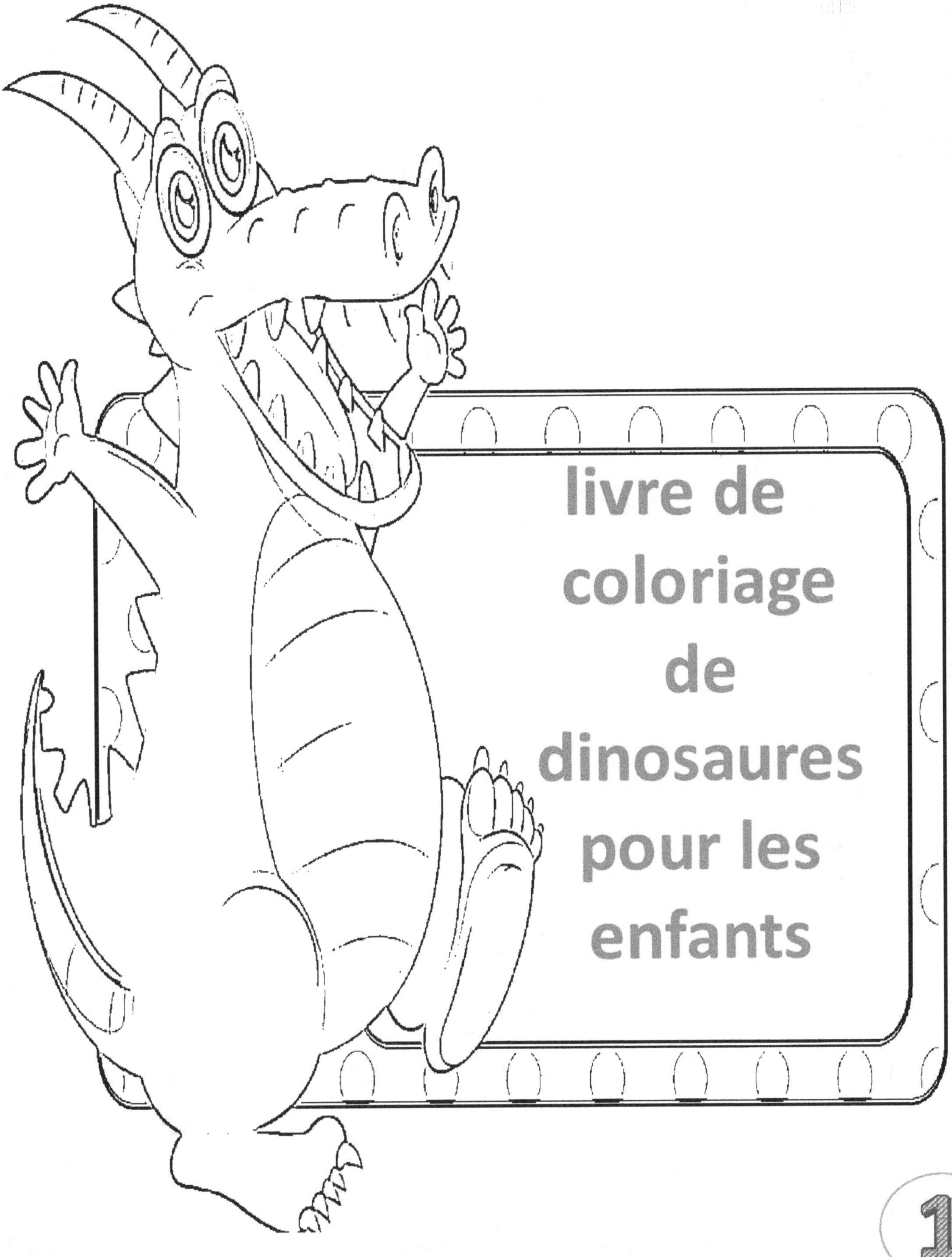

livre de coloriage de dinosaures pour les enfants

1

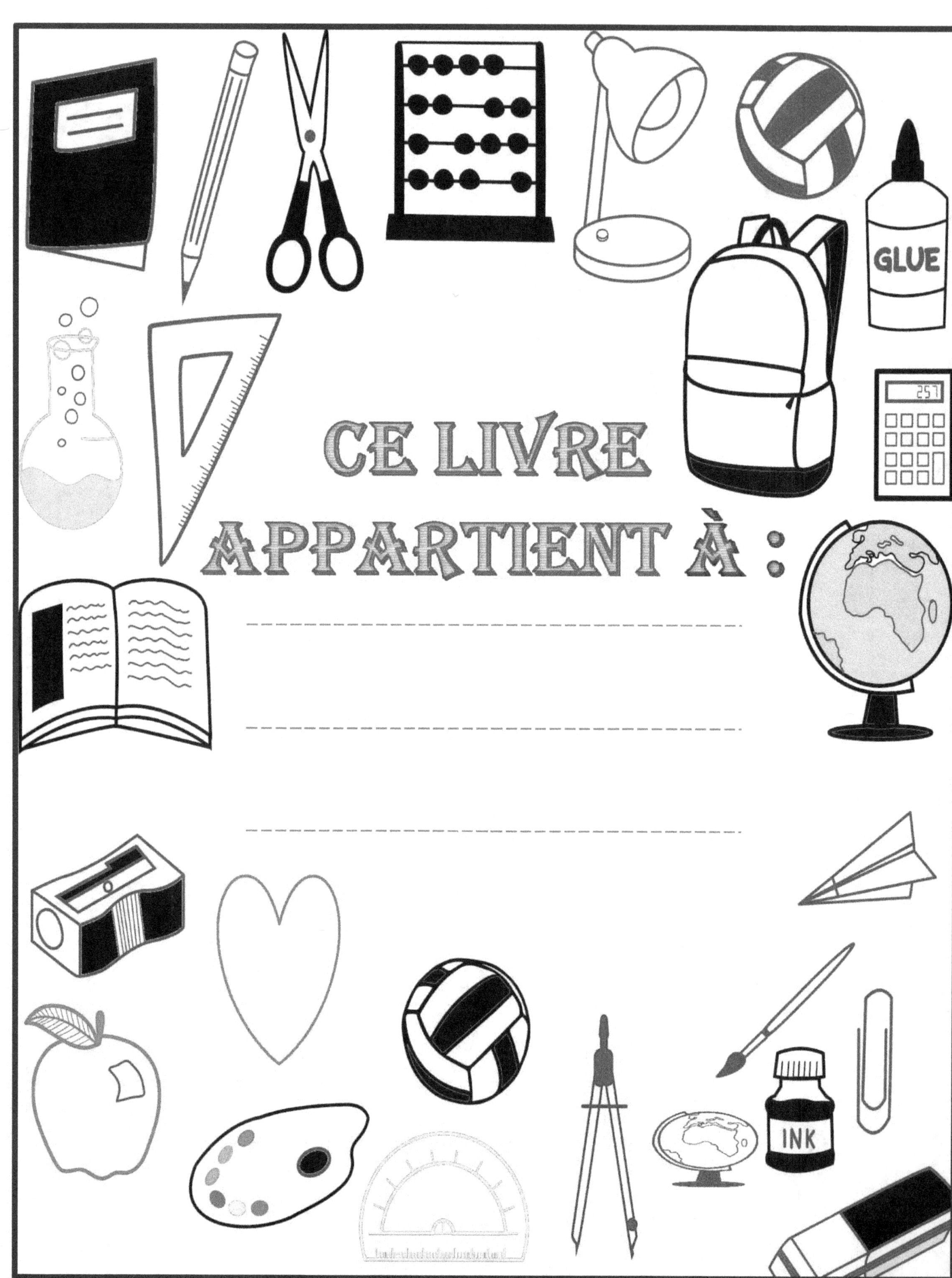
CE LIVRE
APPARTIENT À :

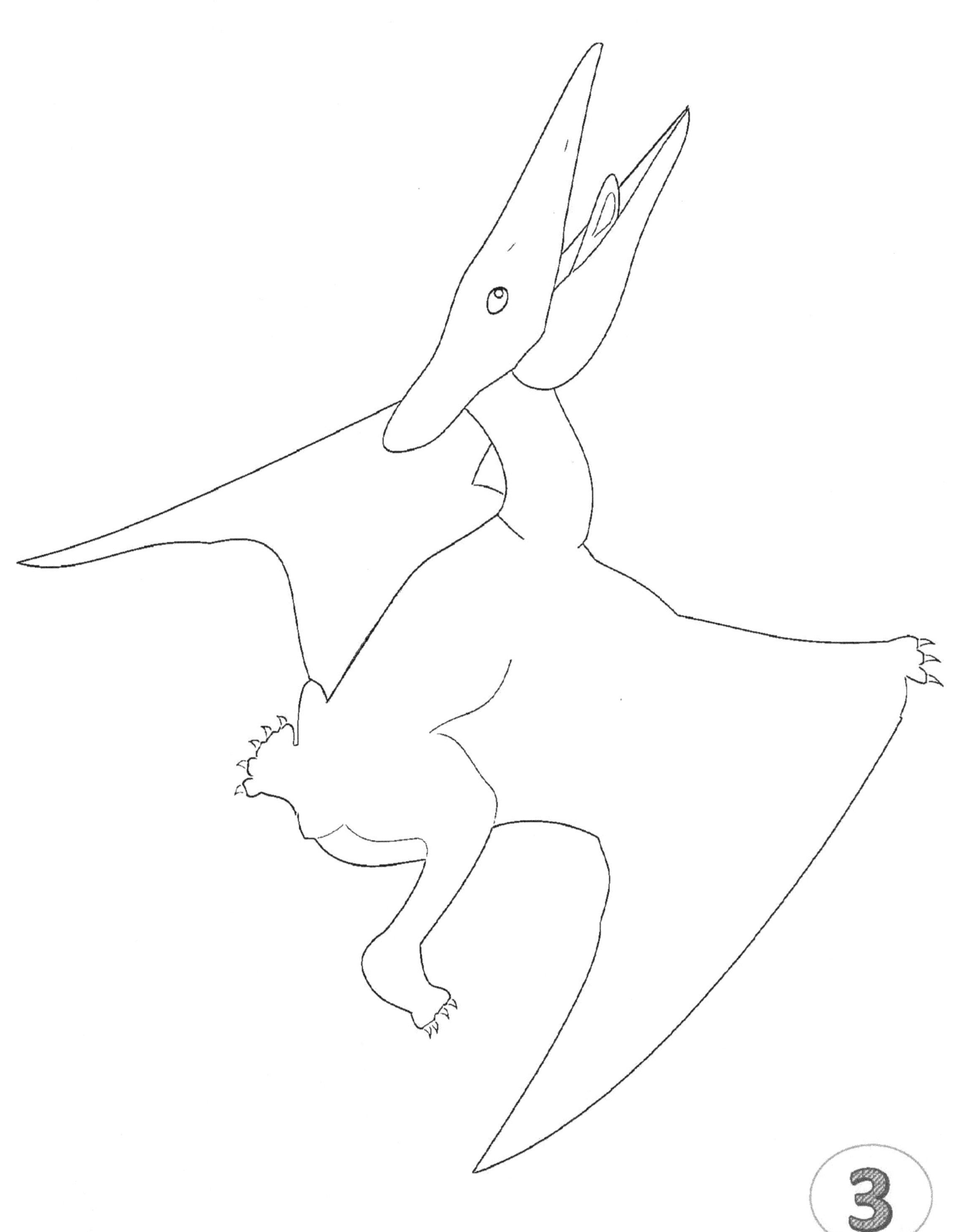

3

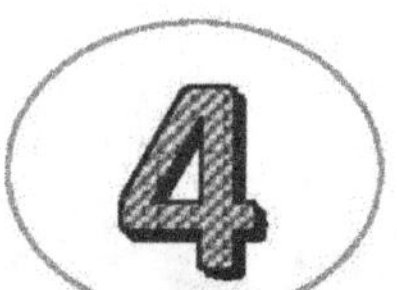

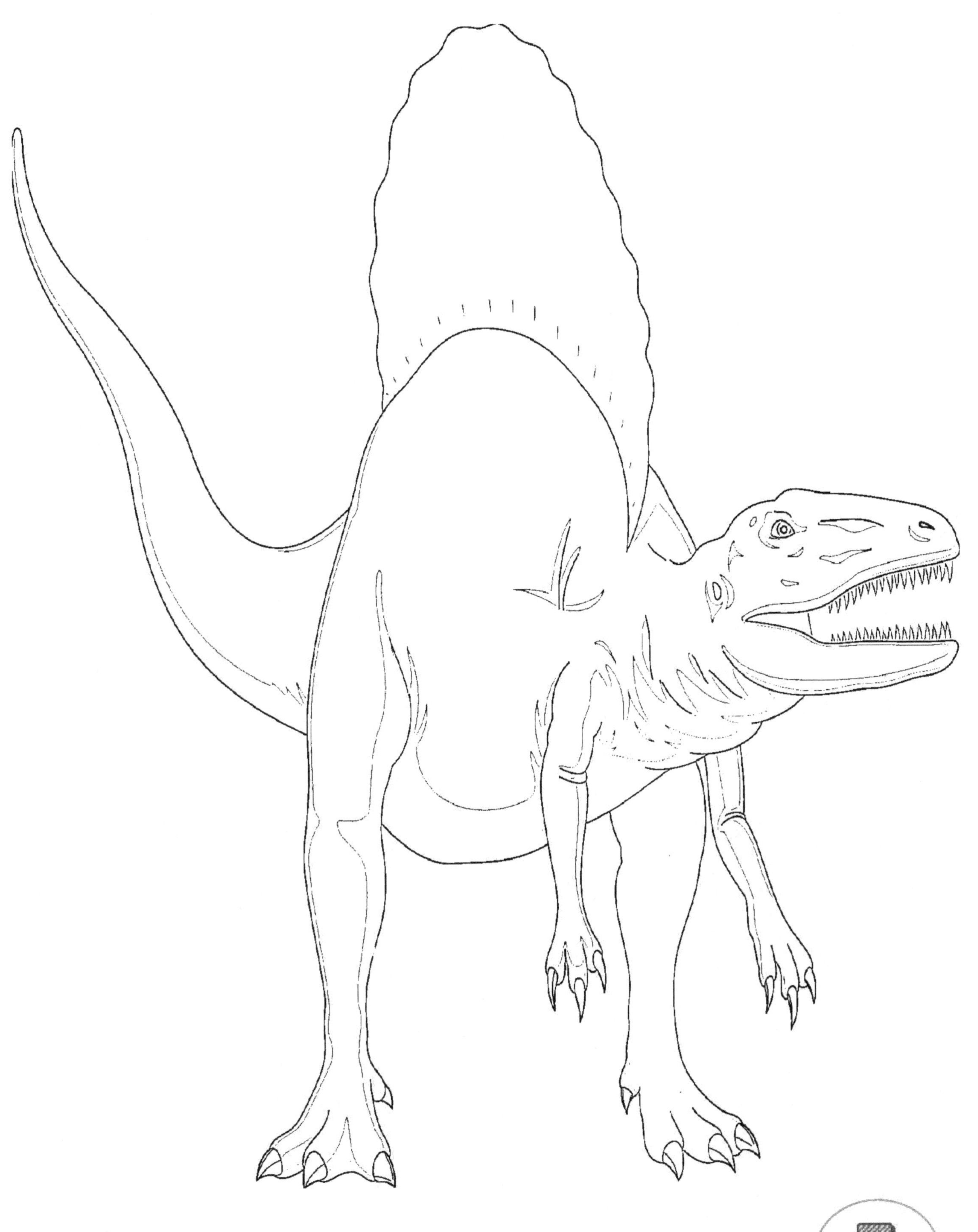
5

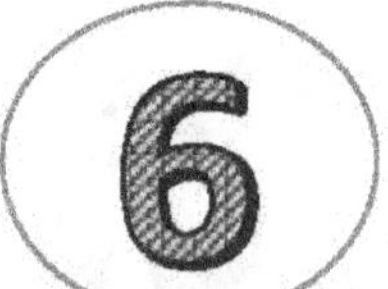

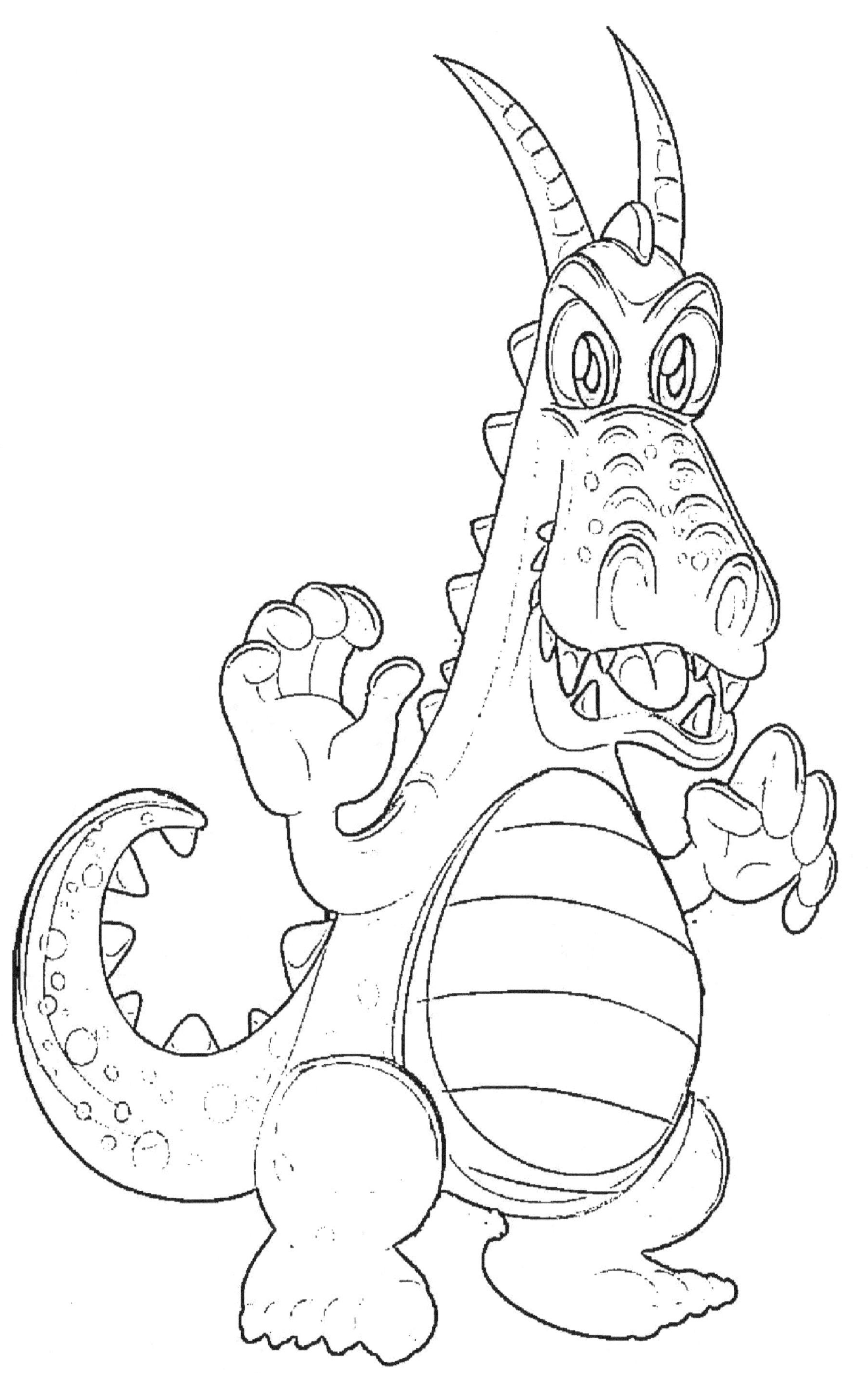

7

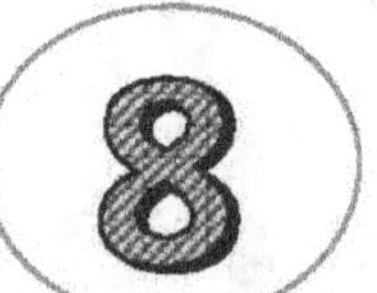

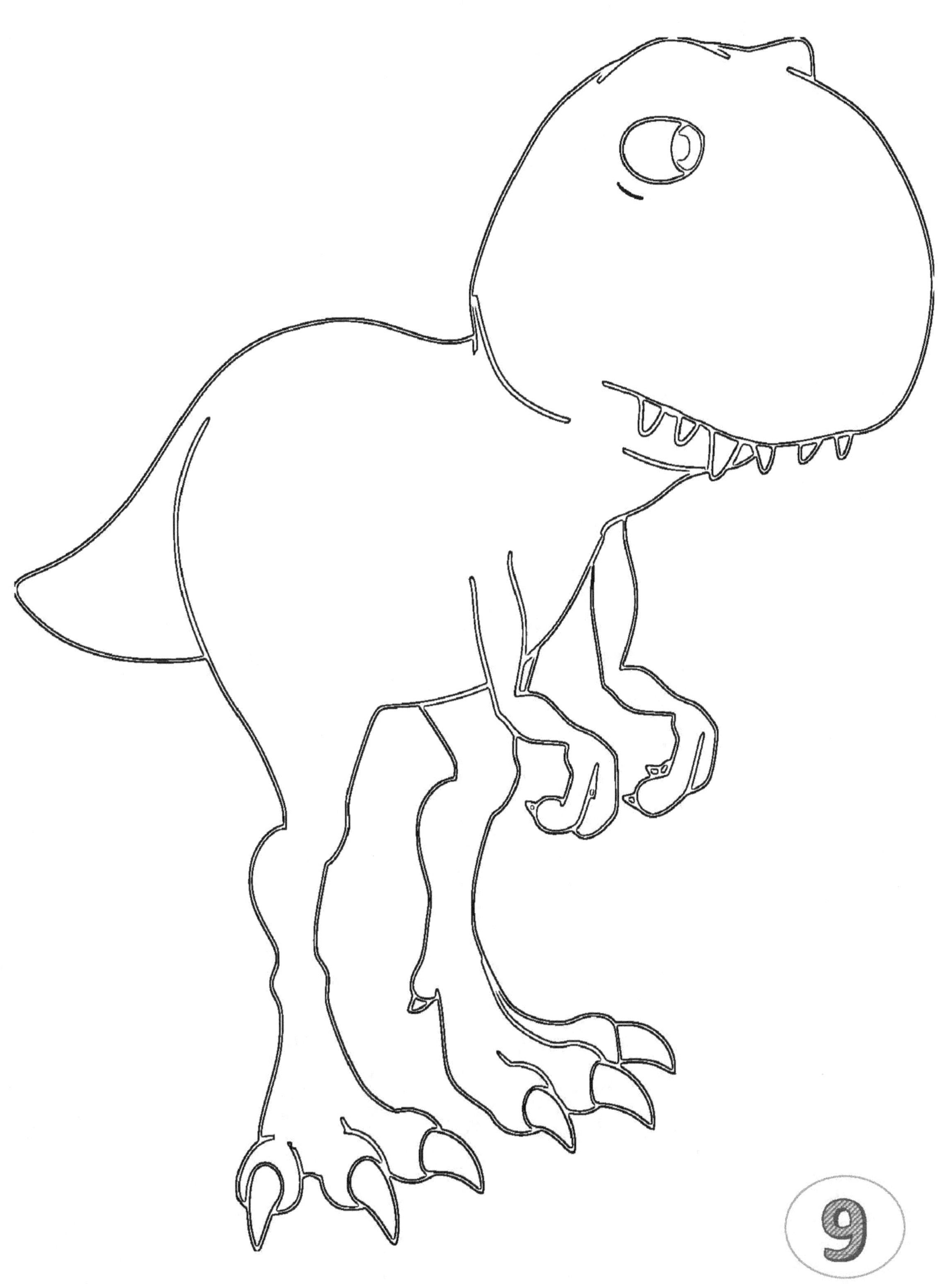

9

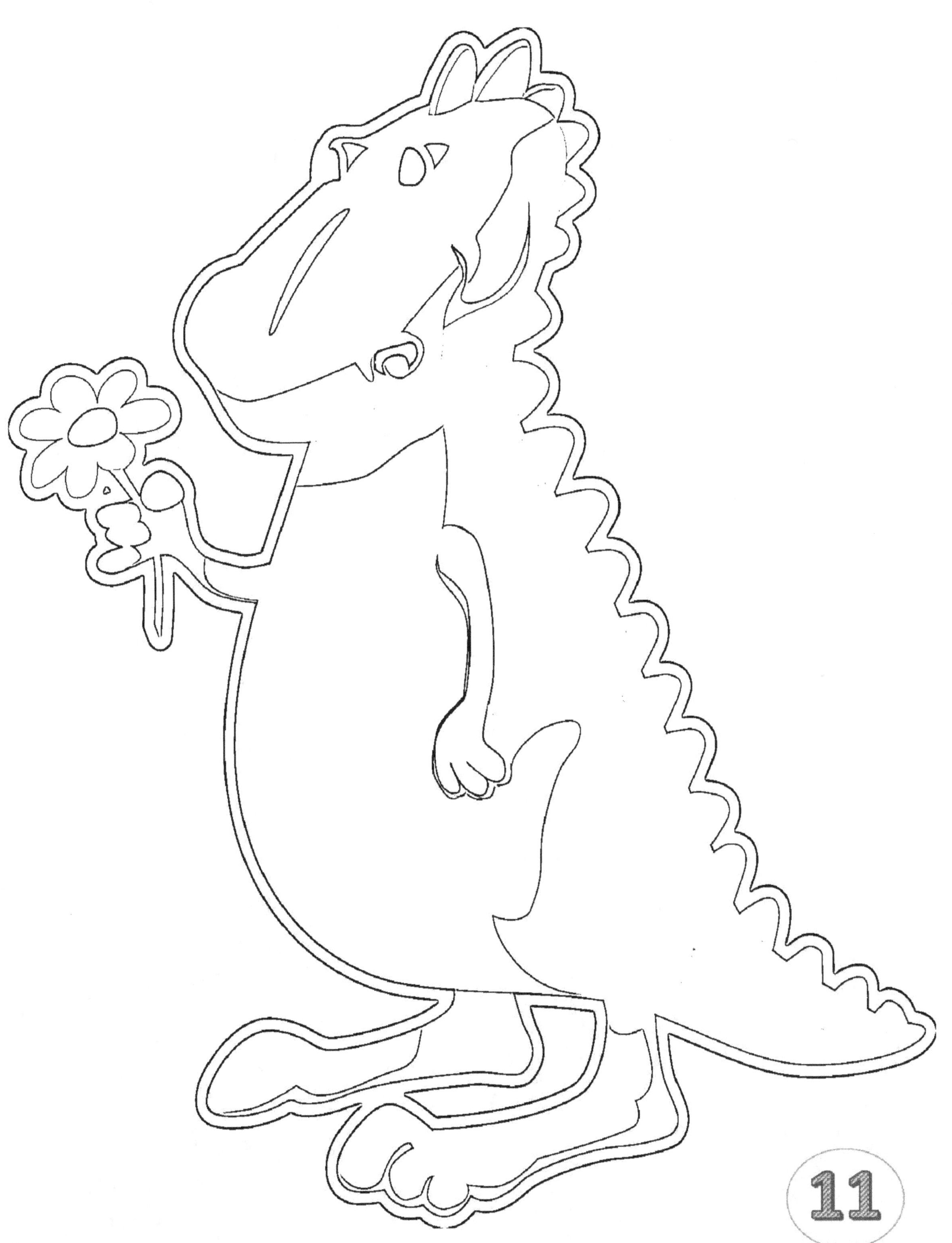
11

12

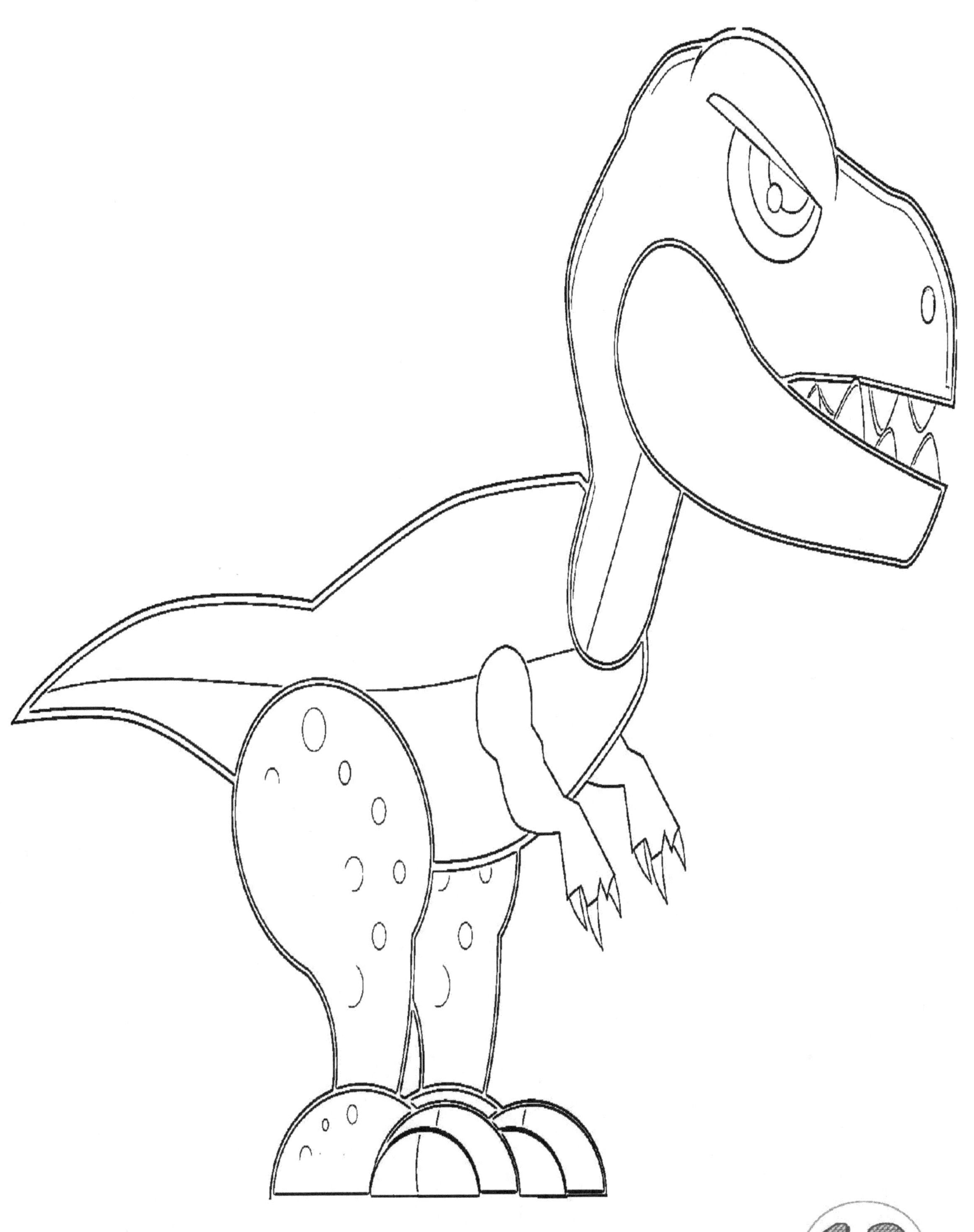

13

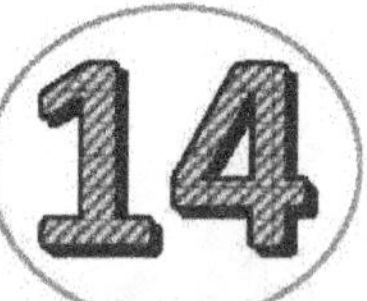

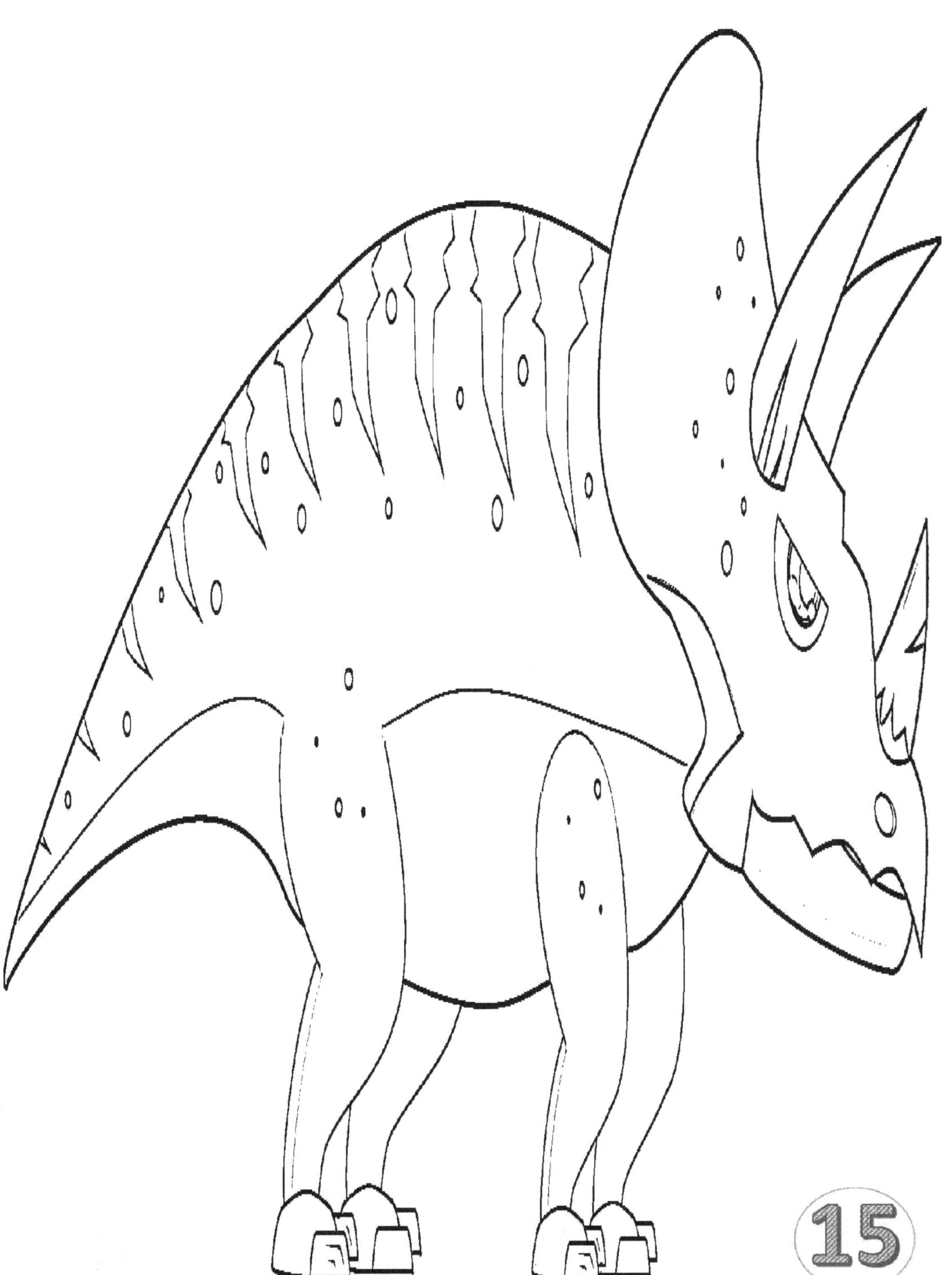

15

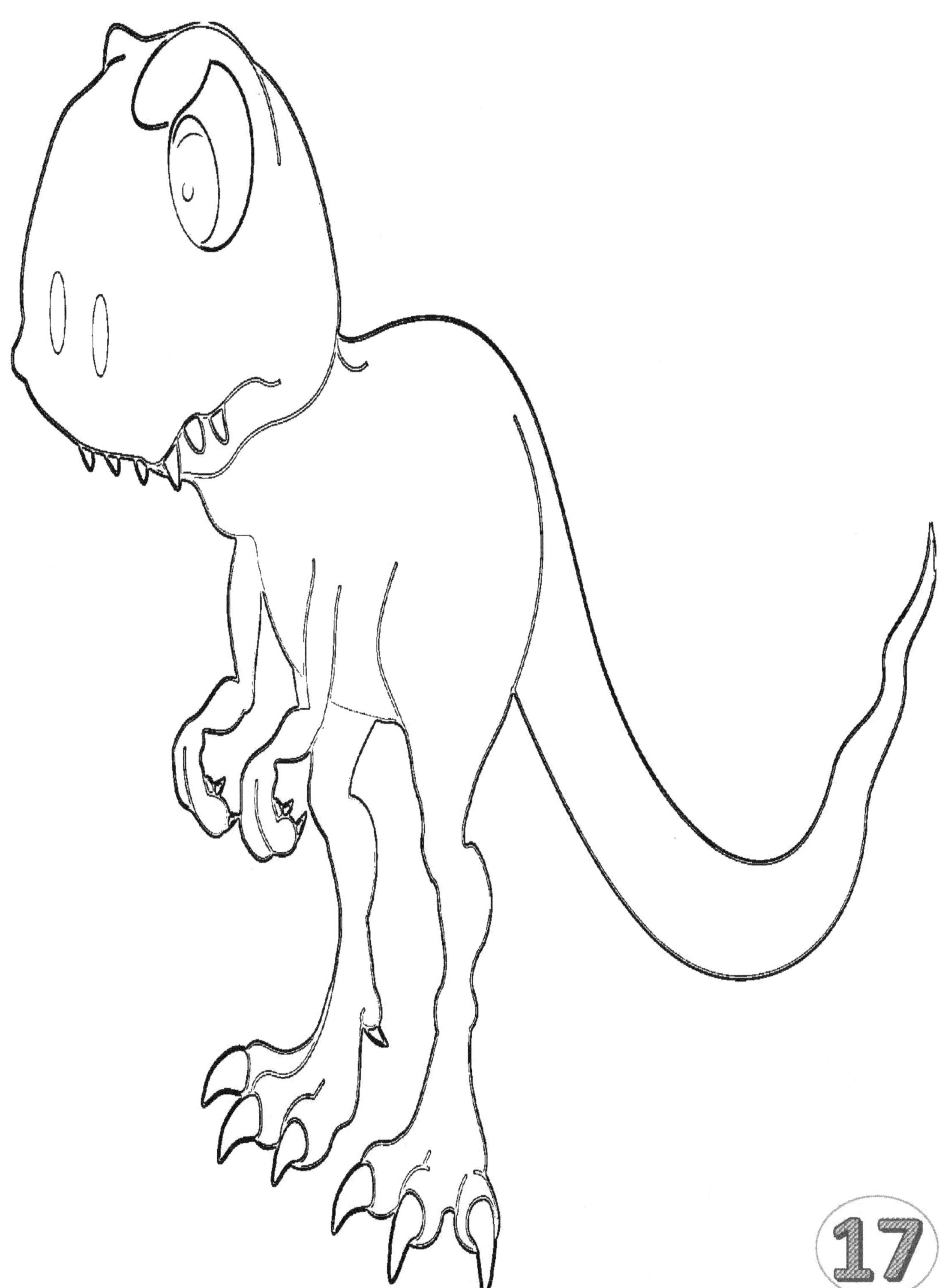

17

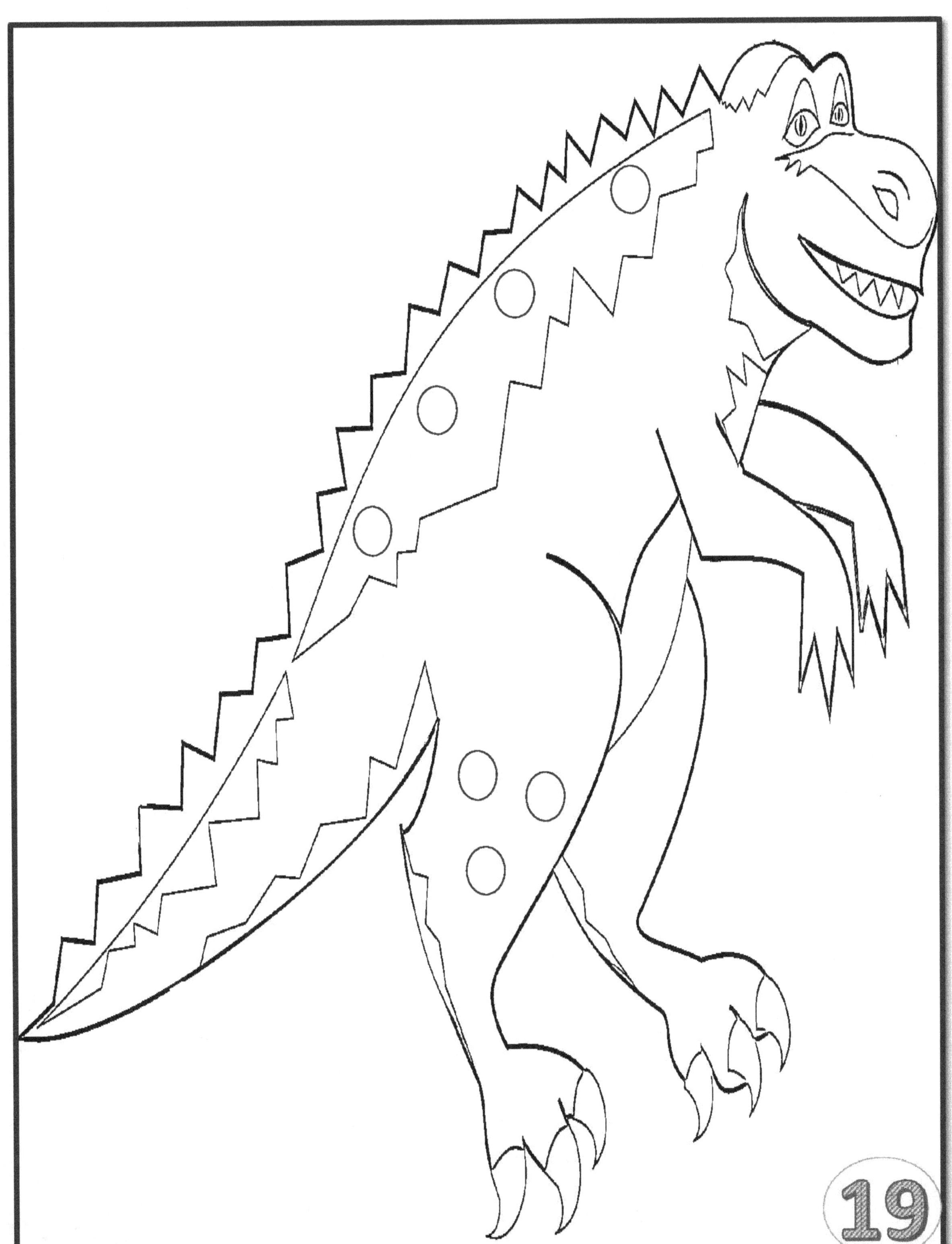

19

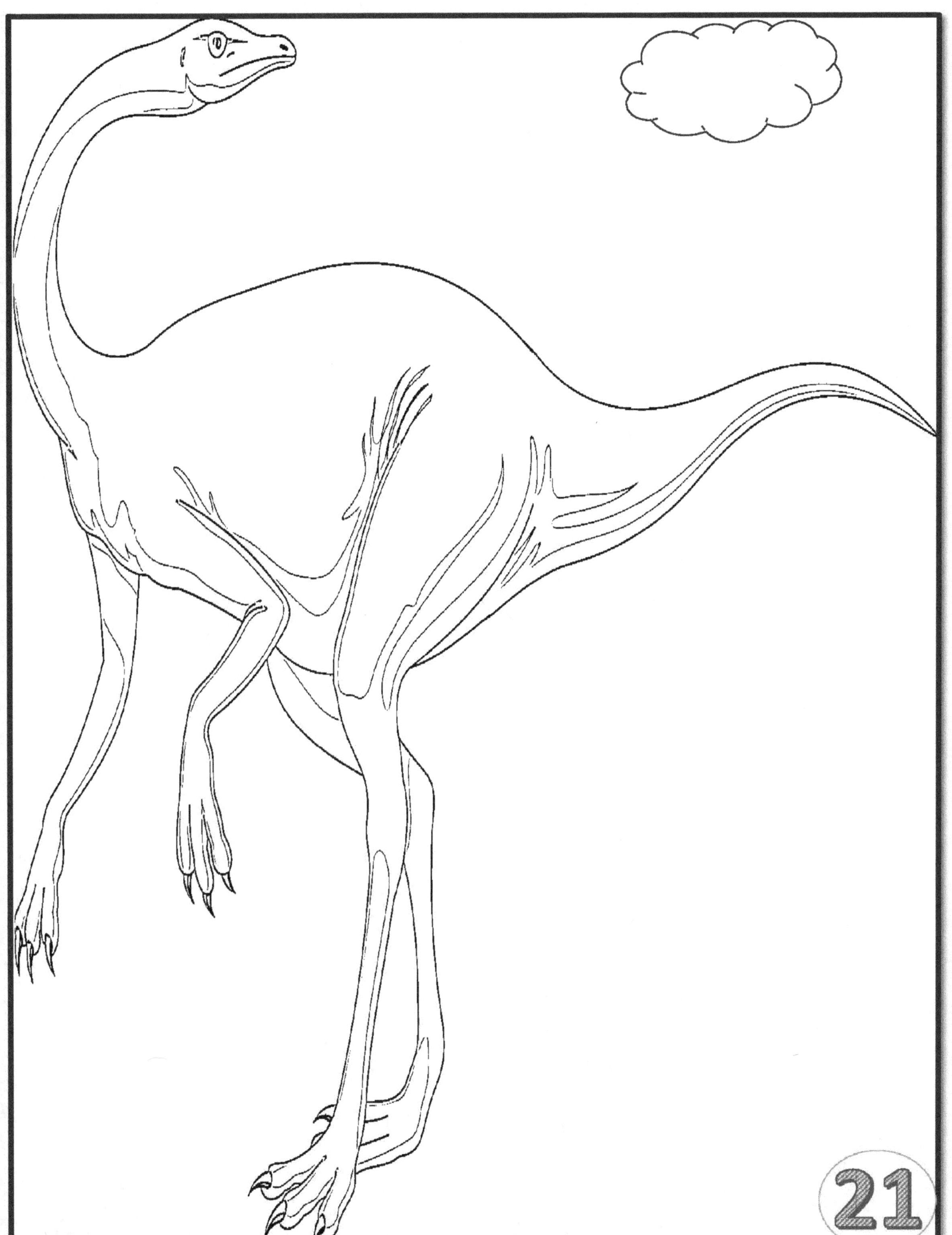

21

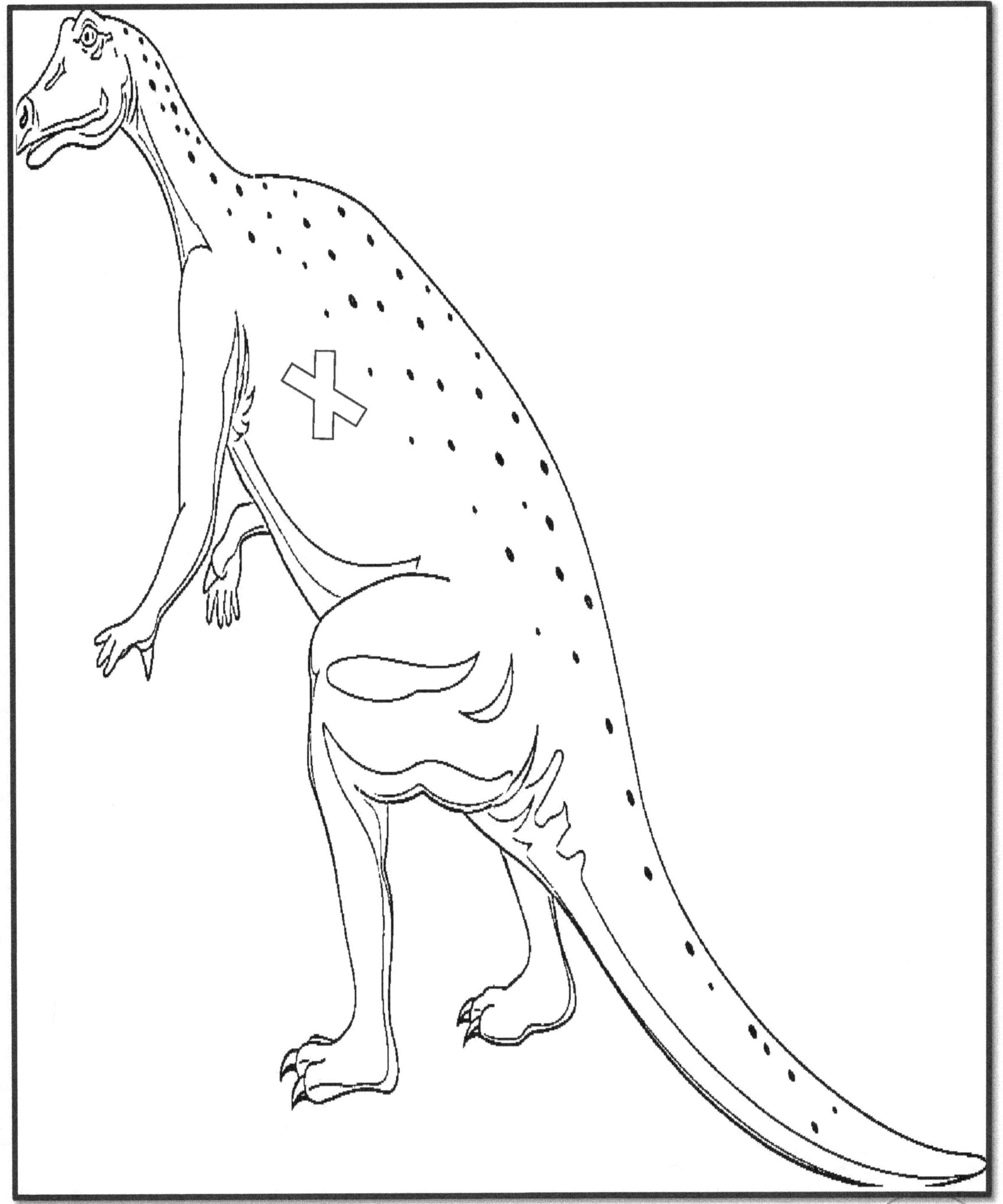

23

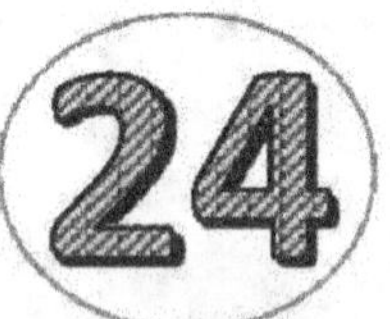

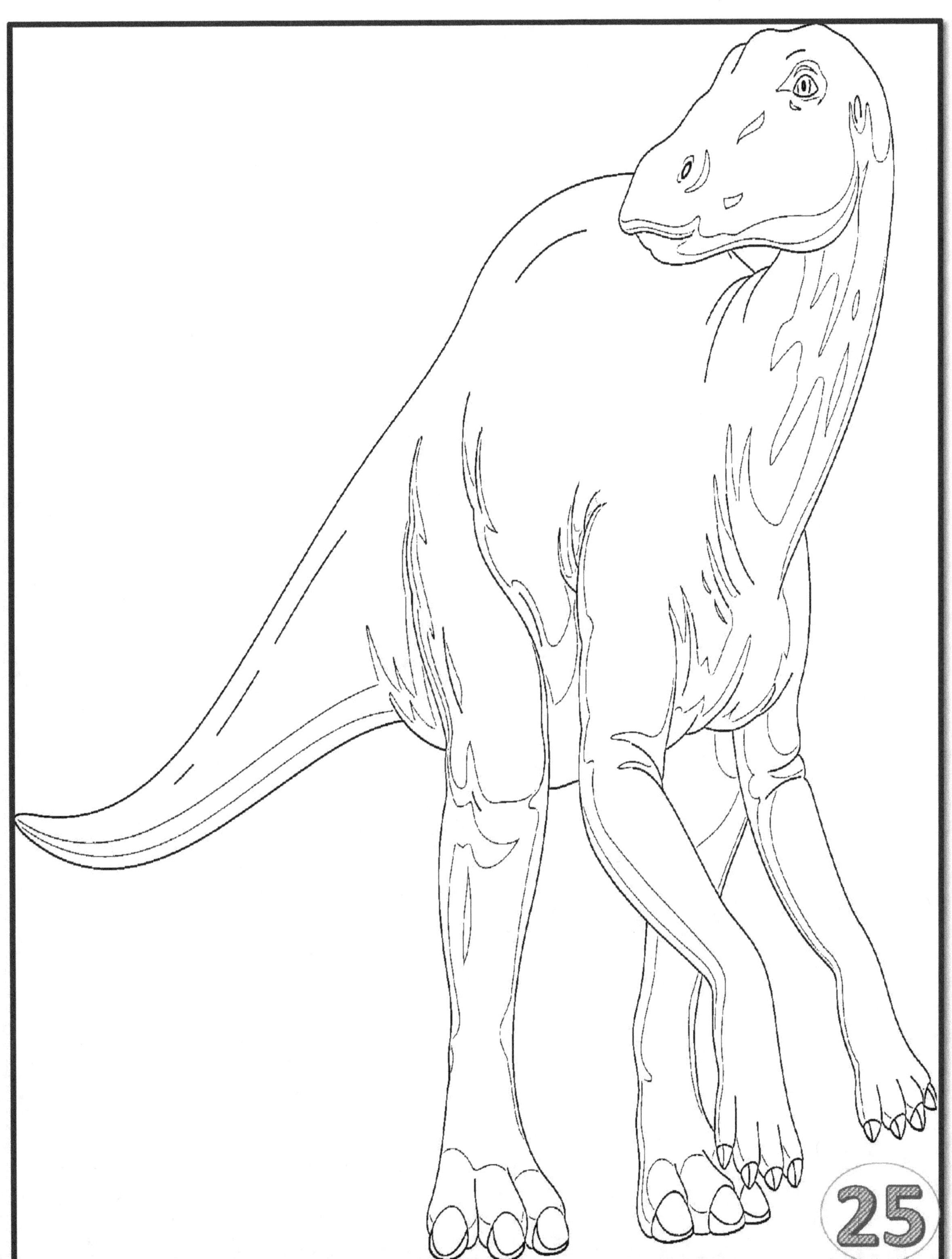

25

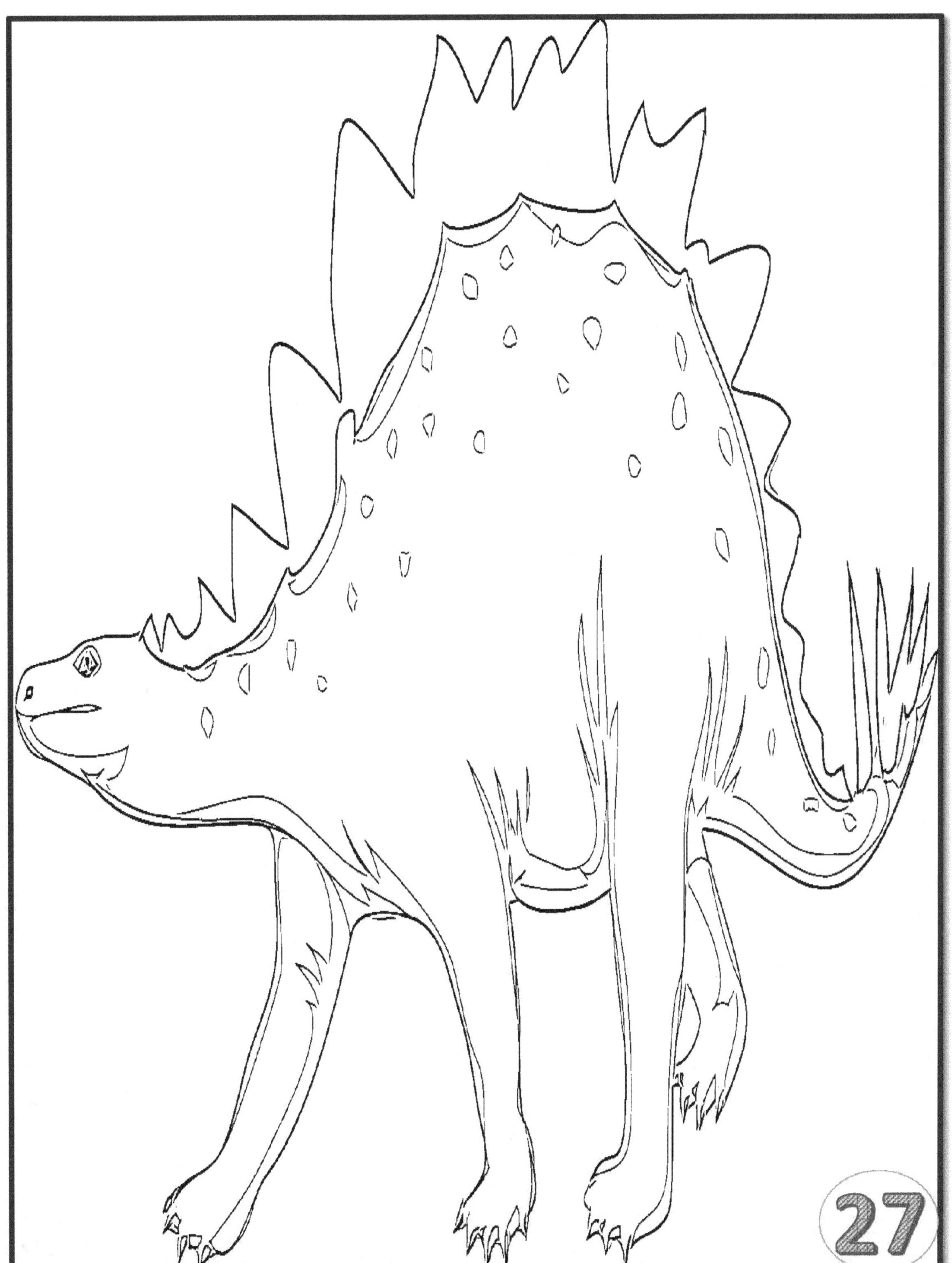

27

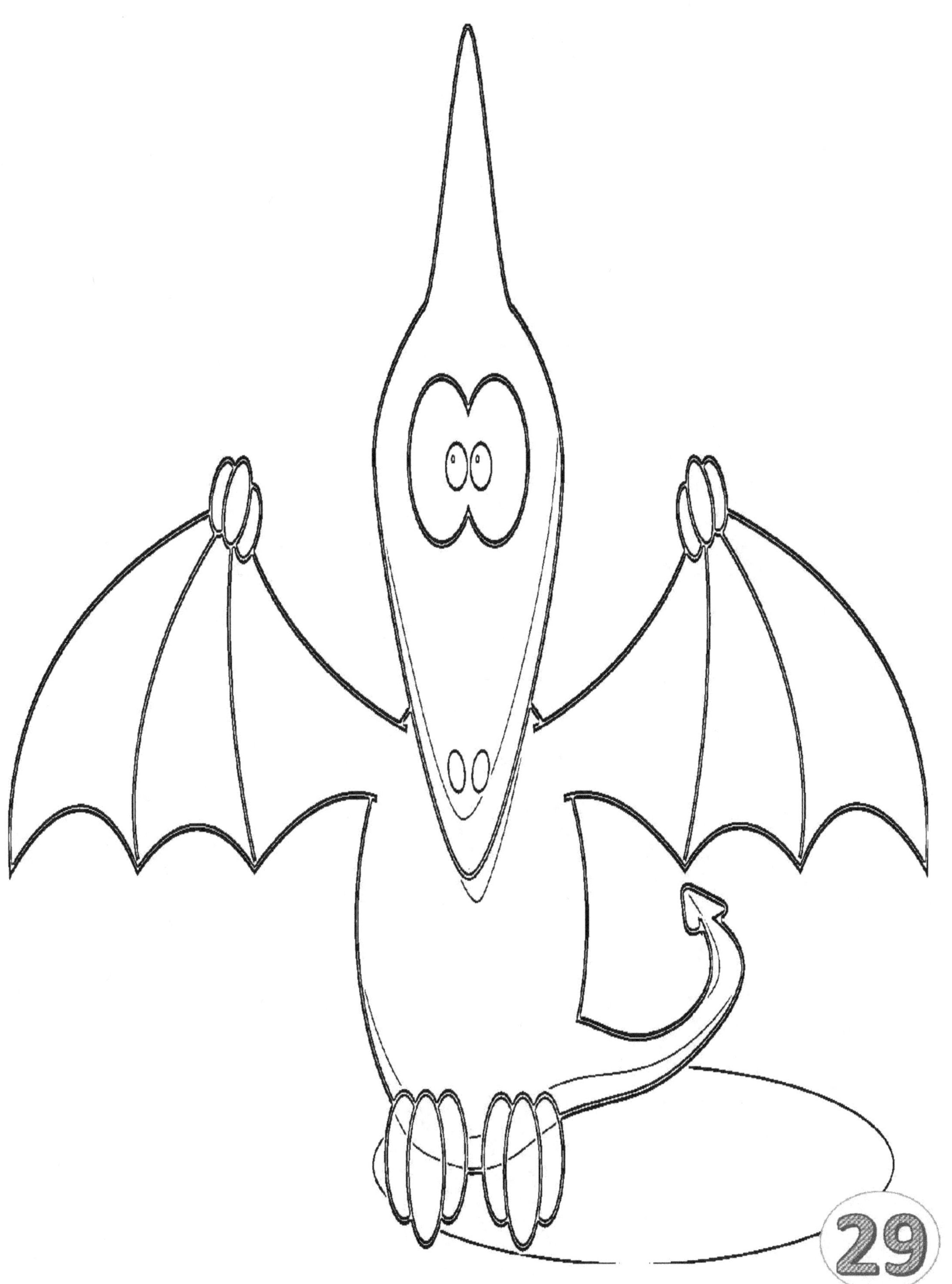

29

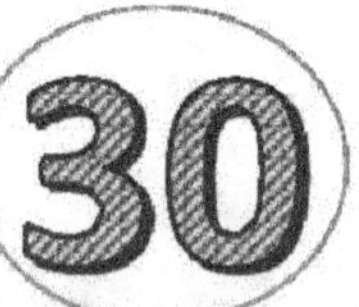

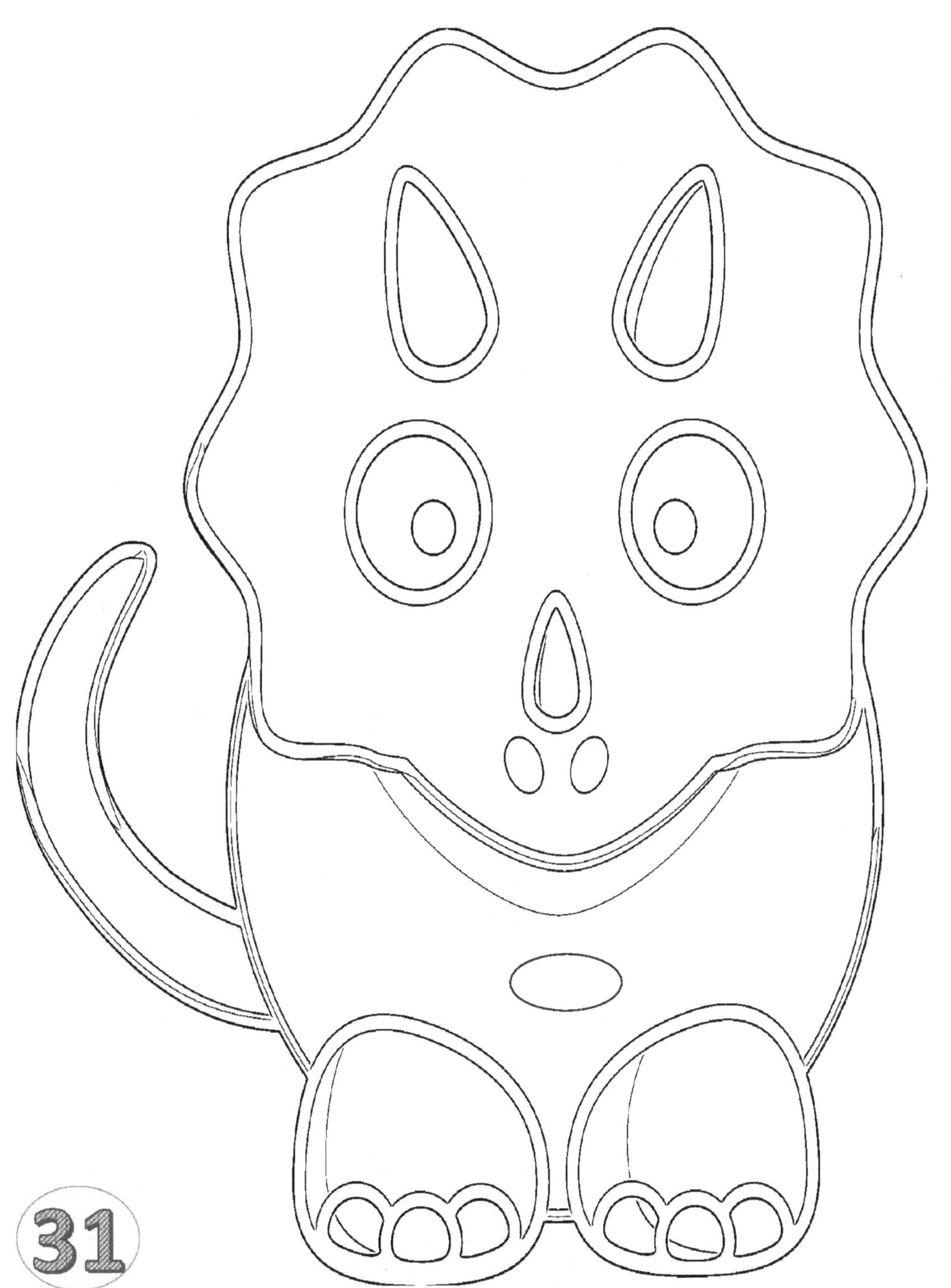

31

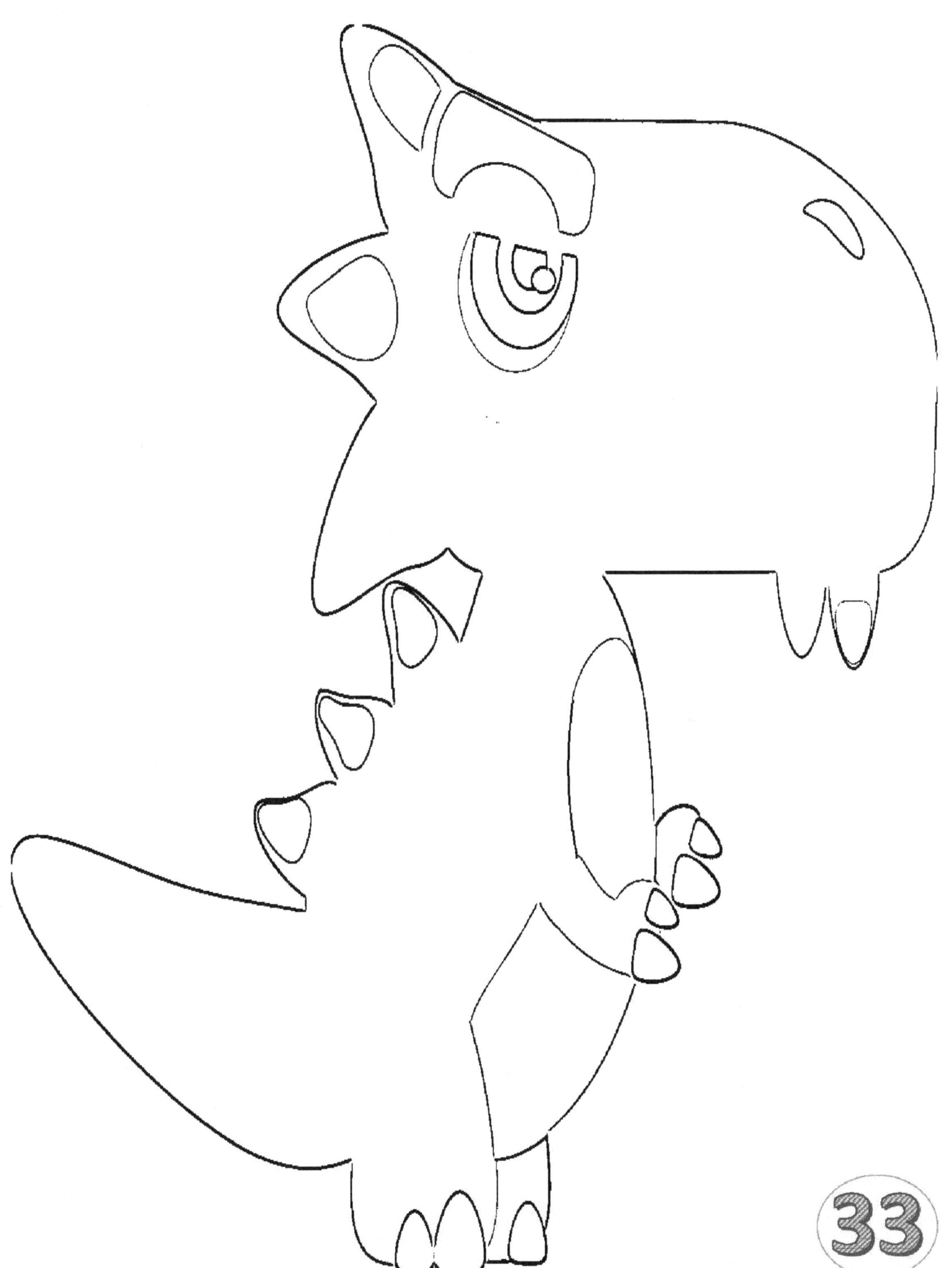

33

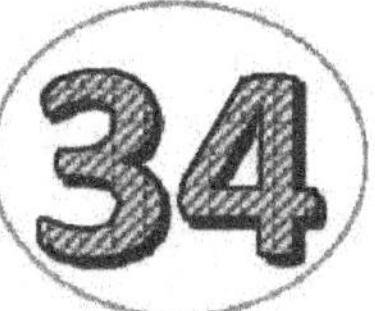

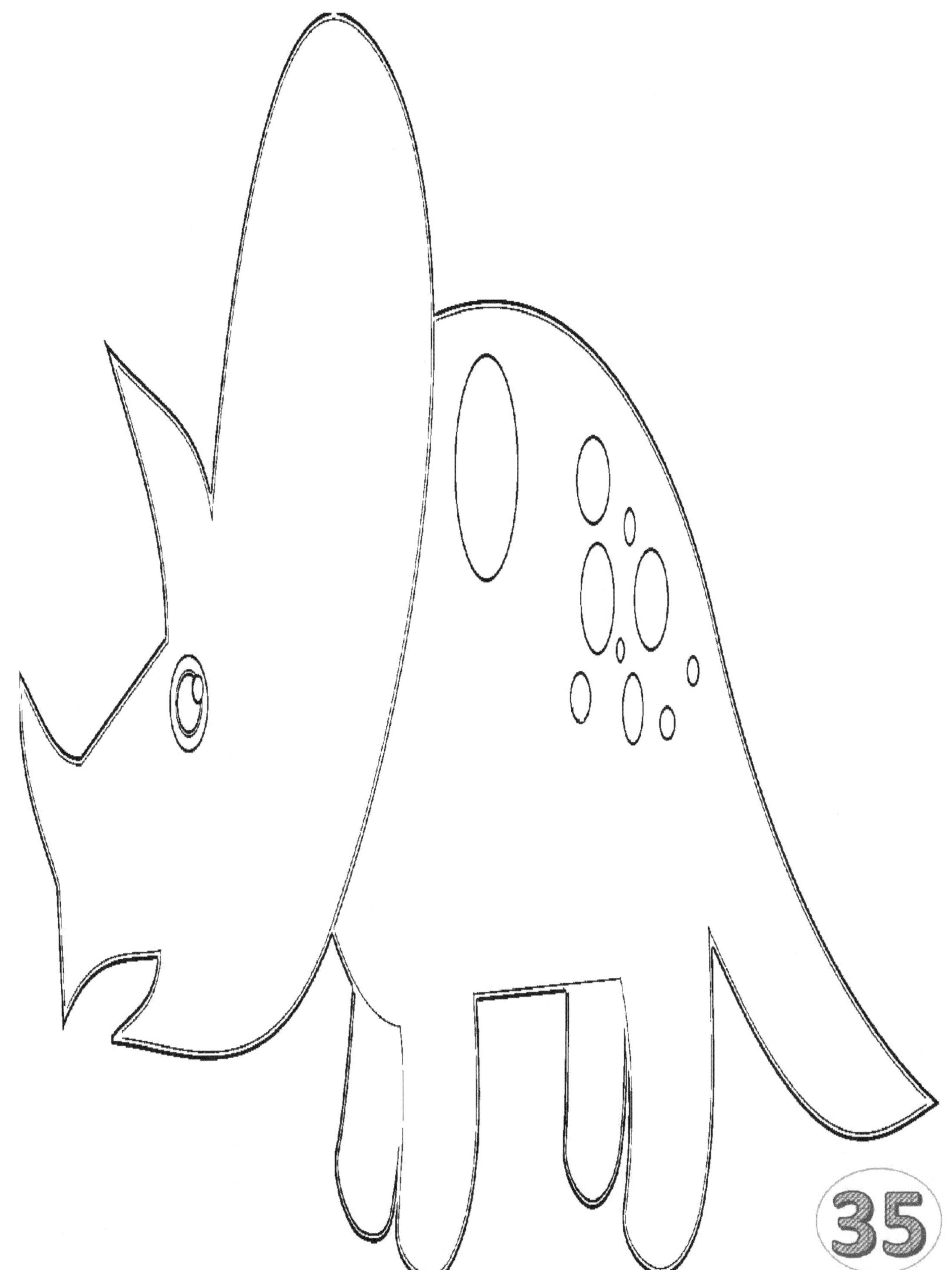

35

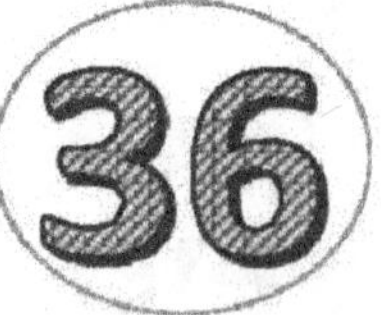

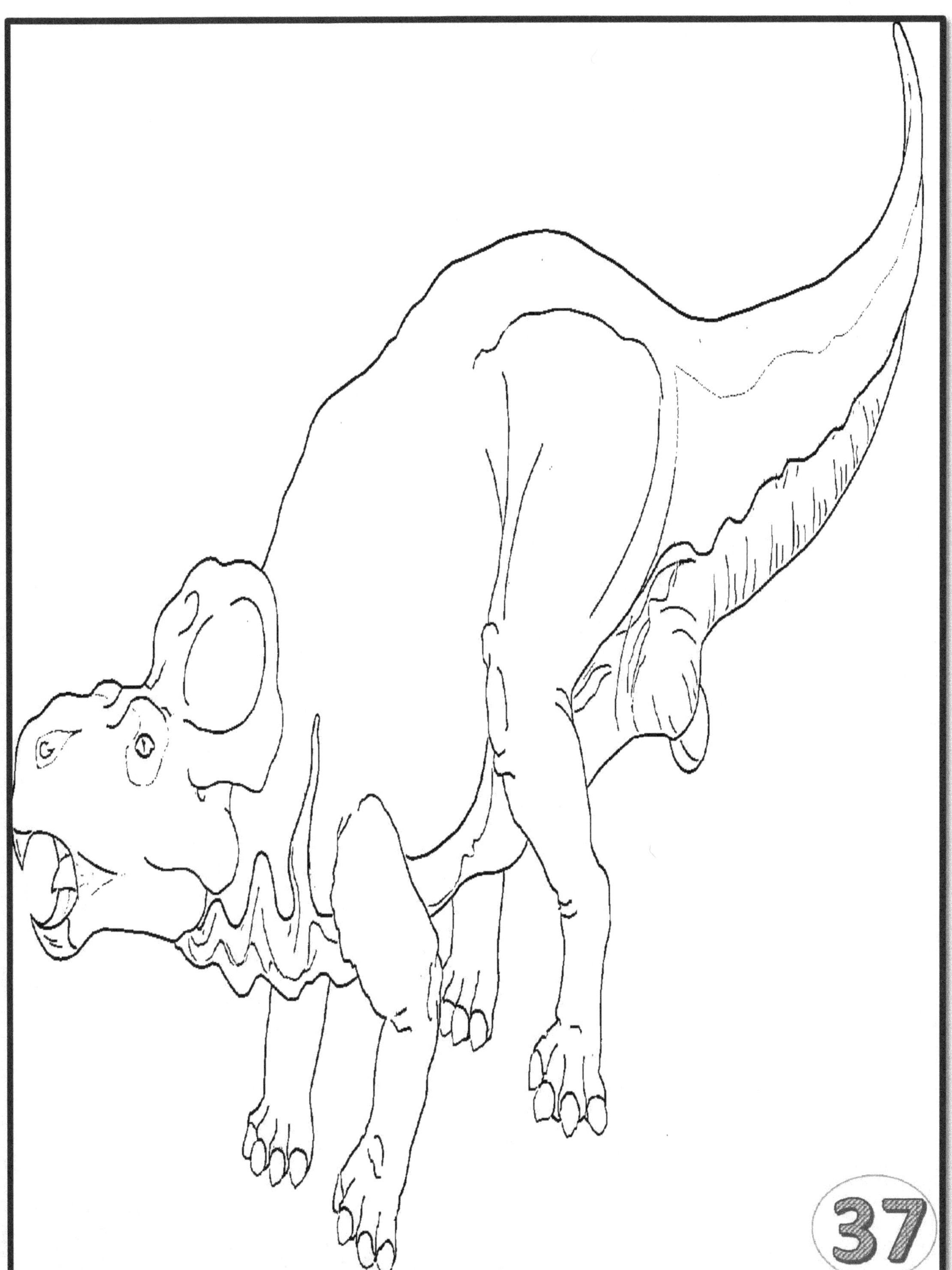

37

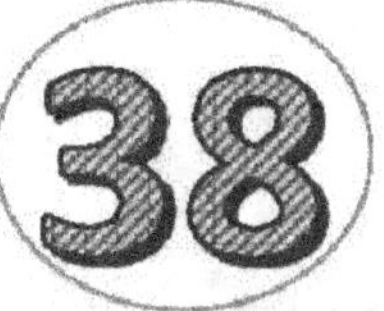

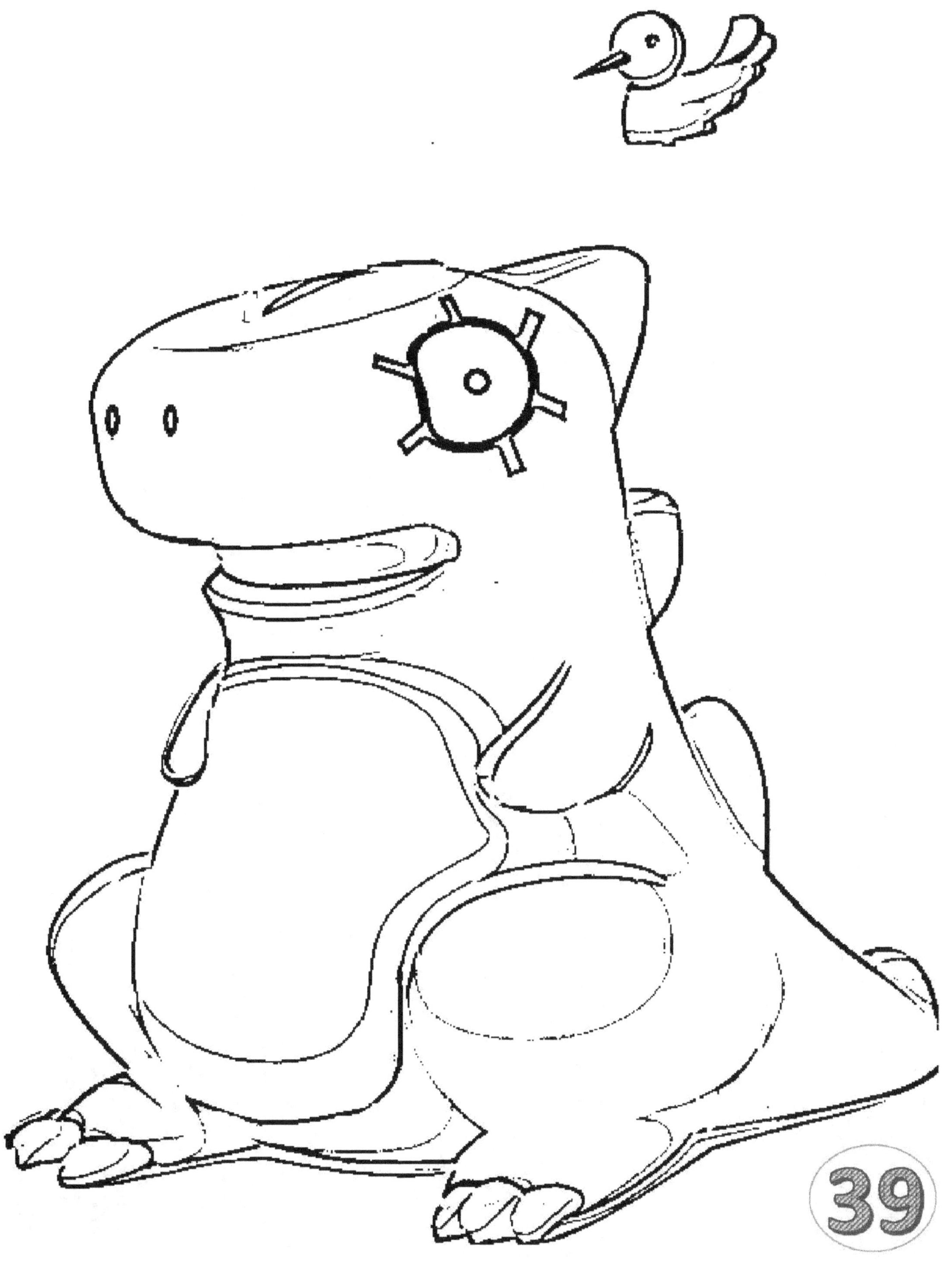

39

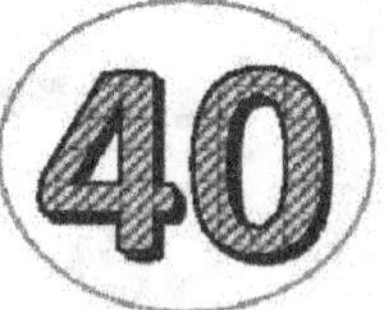

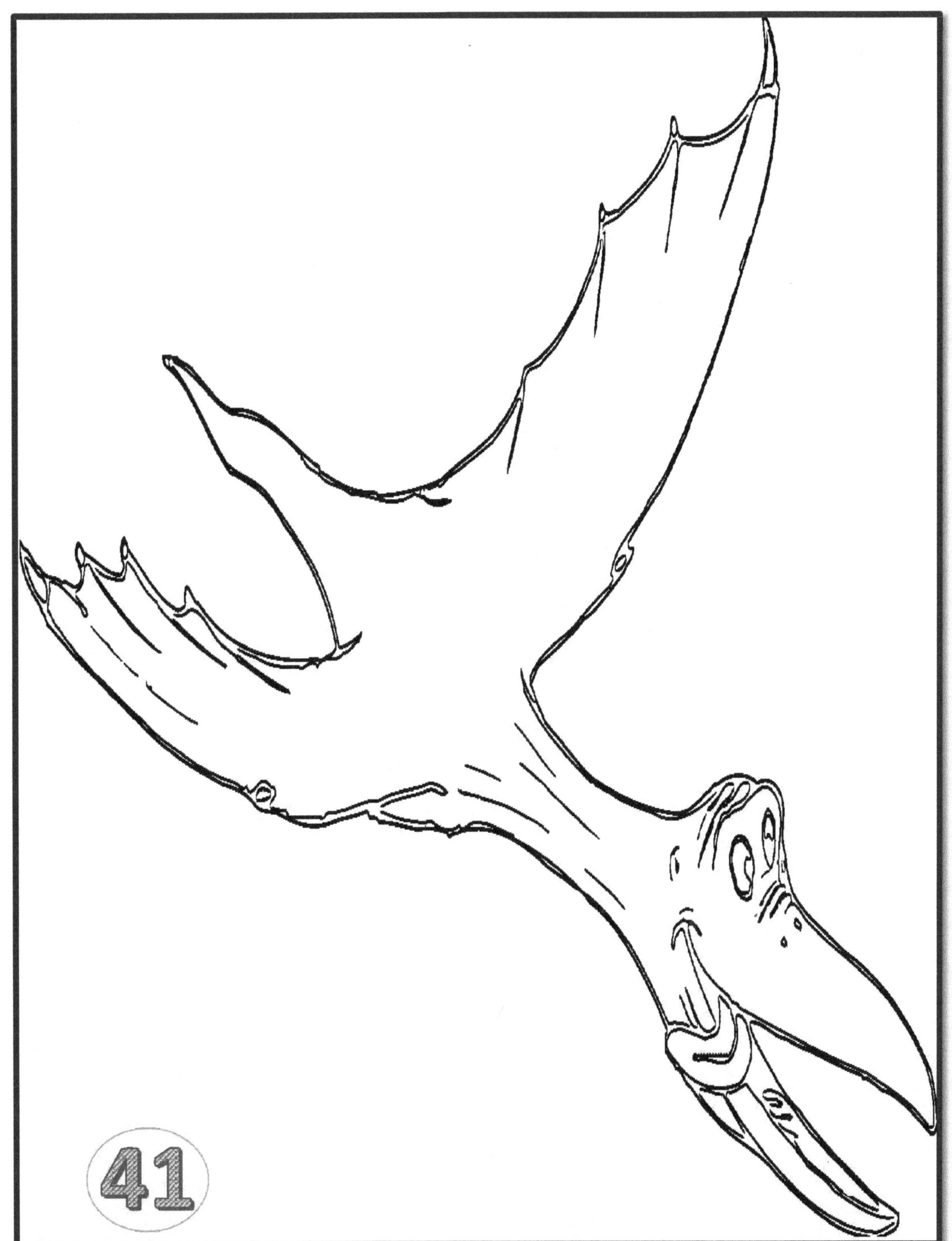
41

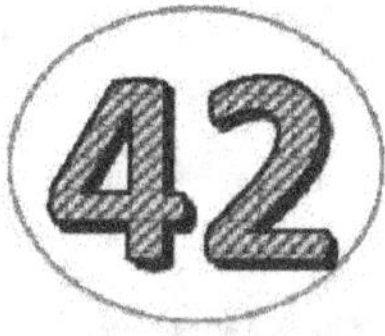

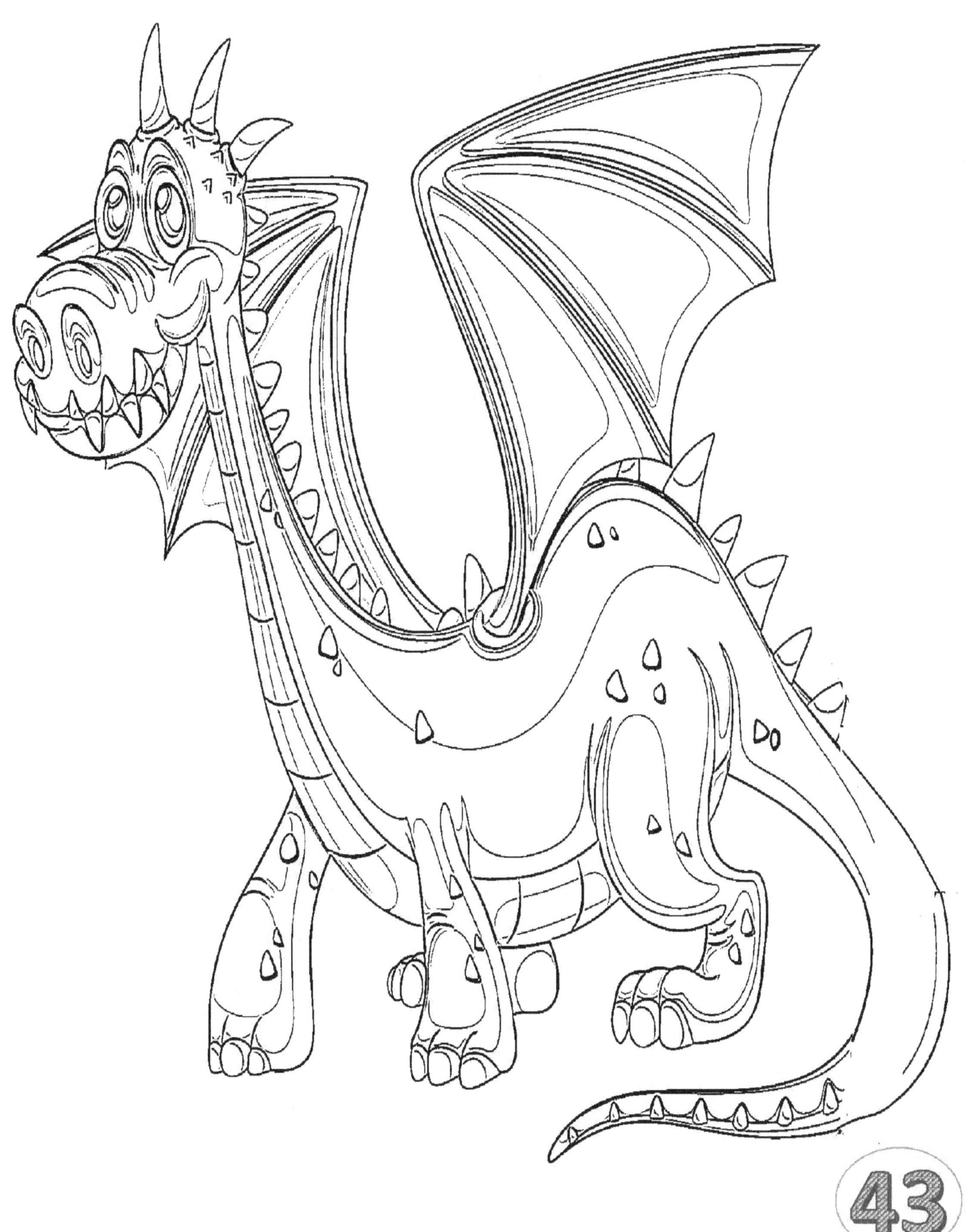

43

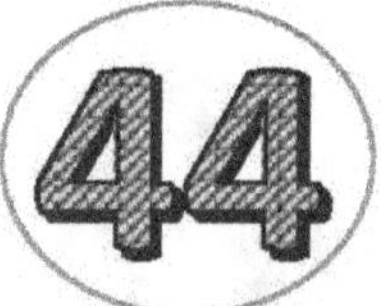

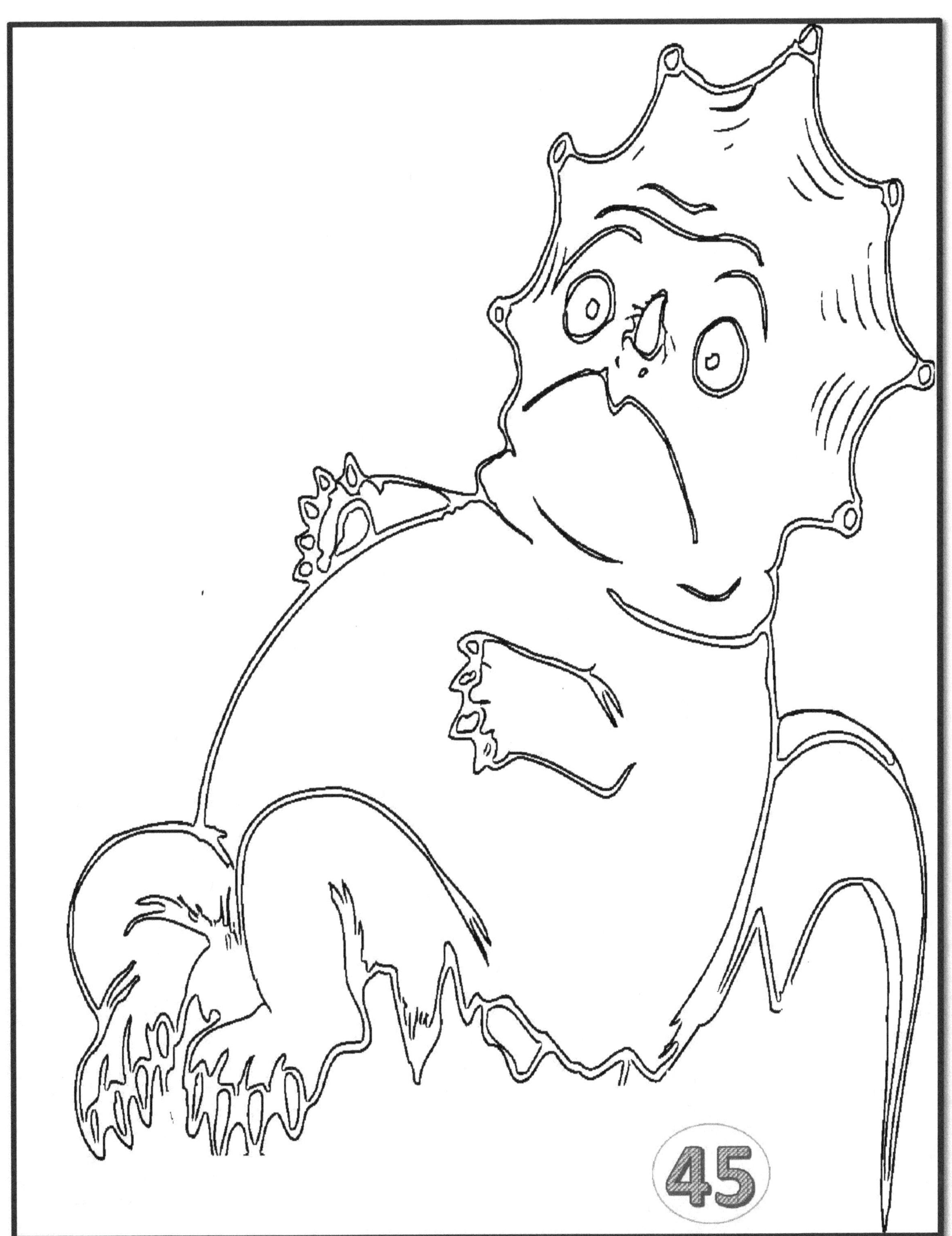

45

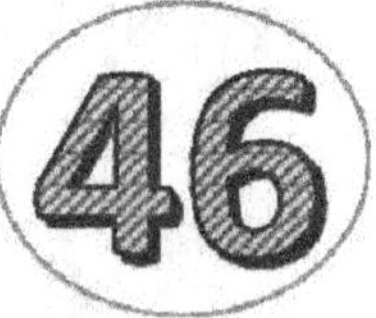